LA  HA ROBADO

EL 

¡AYÚDANOS!

Nombre: ....

CARTA A LOS NIÑOS Y NIÑAS DEL COLEGIO

¡Hola, niños y niñas!

Una bruja ha robado el *Libro de los sabios* del castillo y lo ha escondido. Sin el libro, el rey no sabe cómo proteger el castillo de los enemigos. Por eso, os pide ayuda para que os convirtáis en caballeros y recuperéis el *Libro de los sabios,* y, así, se pueda salvar el castillo.

¡Muchas gracias por vuestra ayuda!

EL RETO

1

- Observa la cara del bufón. ¿Por qué está preocupado? ¿Qué dice la carta? ¿Cómo podemos ayudarlo?
- Moja tu dedo en pintura e imprime tu huella en el círculo para sellar tu compromiso de cumplir el reto: armarte caballero para ayudar al rey a encontrar el *Libro de los sabios* en el colegio.

INTELIGENCIAS MÚLTIPLES
Lingüístico-verbal

EMOCIÓN
Tristeza

¿QUÉ SÉ DE LOS CASTILLOS?

Nombre: ....

INVESTIGAMOS

- Cierra los ojos y piensa en un castillo: ¿Cómo es? ¿Es grande?…
- Dibuja lo que sabes de los castillos.

INTELIGENCIAS MÚLTIPLES
Intrapersonal

edebé proyectos

EL LIBRO DE LOS SABIOS

Nombre: ....

VIVE LA SESIÓN

- Construir las marionetas de los personajes del cuento (troqueles F3).
- Dramatizar el cuento jugando con las marionetas de los personajes.

INVESTIGAMOS

- Pinta el personaje del cuento que ha robado el *Libro de los sabios*.

INTELIGENCIAS MÚLTIPLES
Lingüístico-verbal

¿QUÉ QUIERO SABER?

Nombre: ....

VIVE LA SESIÓN

Escuchar y empezar a aprender la **canción** del proyecto.

edebé proyectos

INVESTIGAMOS

- Dibuja todo lo que te gustaría saber de los castillos: ¿Tienen torres? ¿Qué personas viven en ellos? ¿Cómo son las murallas?

INTELIGENCIAS MÚLTIPLES
Intrapersonal

MI EQUIPO

Nombre: ....

INVESTIGAMOS

- Pega la fotografía de tus compañeros y compañeras de equipo.
- Inventad un nombre para vuestro equipo.

INTELIGENCIAS MÚLTIPLES
Interpersonal

VOY A INVESTIGAR

¿CÓMO SON?

¿QUIÉN VIVÍA?

LOS CABALLEROS

¿CÓMO SE DIVERTÍAN?

CASTILLOS DEL MUNDO

OTROS HABITANTES

Nombre: ....

INVESTIGAMOS

INTELIGENCIAS MÚLTIPLES
Intrapersonal

- Observa los dibujos de los temas sobre los que puedes investigar y explica qué significan con ayuda de la maestra.
- Estampa el dedo mojado en pintura junto al tema sobre el que vas a investigar.
- ¿Dónde puedes investigar: en libros y revistas o consultando el ordenador? Fíjate en los dibujos de abajo y estampa el dedo en la respuesta.

CARTA A MI FAMILIA

QUERIDA FAMILIA:

HEMOS EMPEZADO UN PROYECTO SOBRE LOS

YO QUIERO INVESTIGAR SOBRE:

¿CÓMO SON?

¿QUIÉN VIVE?

LOS CABALLEROS

¿CÓMO SE DIVIERTEN?

CASTILLOS DEL MUNDO

OTROS HABITANTES

NECESITO VUESTRA AYUDA PARA BUSCAR INFORMACIÓN.

¡MUCHAS GRACIAS!

Nombre: ....

INVESTIGAMOS

- Completa la carta para tu familia y colorea el tema de los castillos sobre el que vas a investigar.
- Después, firma la carta escribiendo tu nombre con ayuda de la maestra.

INTELIGENCIAS MÚLTIPLES
Lingüístico-verbal

LAS PARTES DE UN CASTILLO

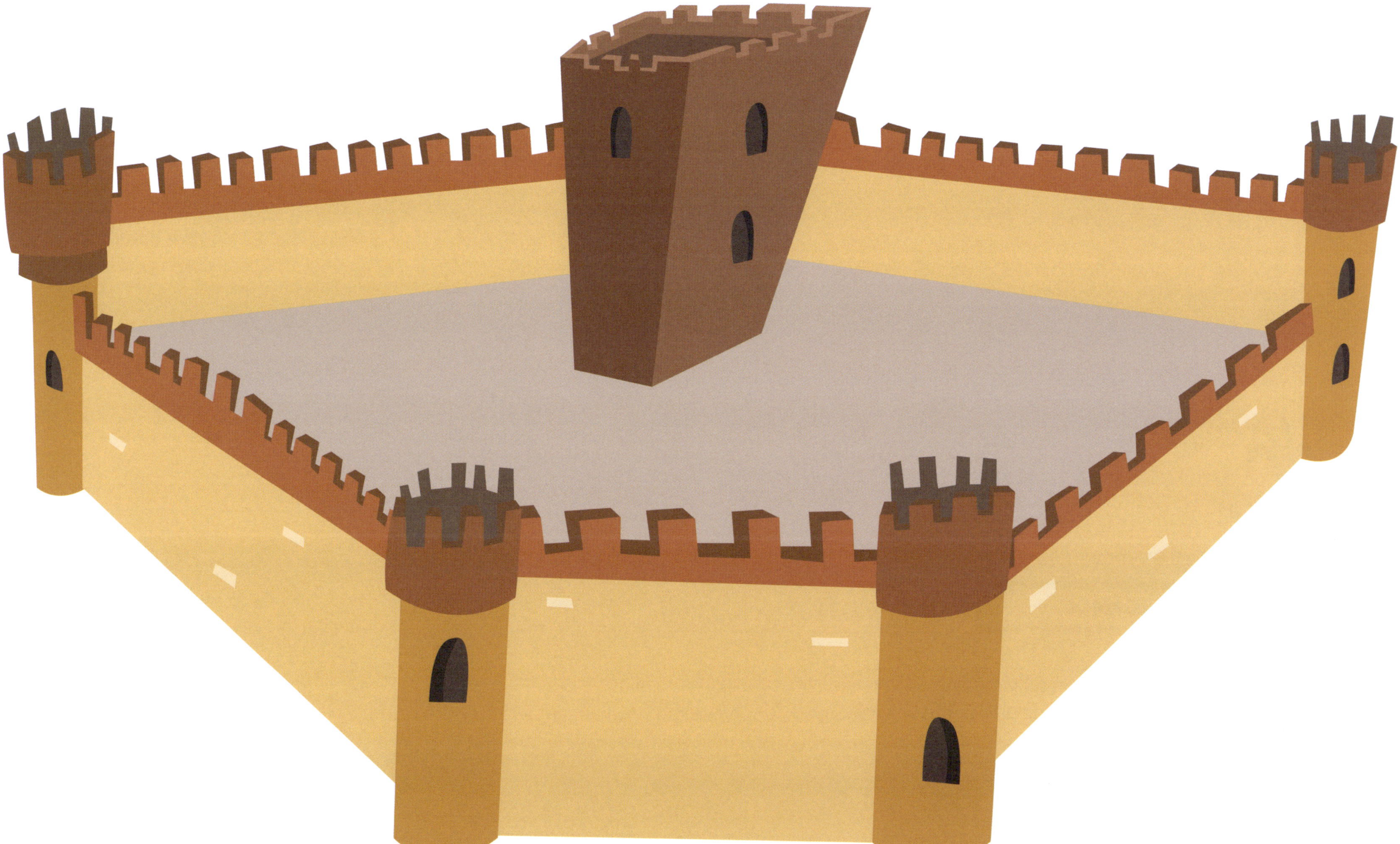

Nombre: ....

VIVE LA SESIÓN

- Simular caminar por un castillo al ritmo de una música clásica.
- Imitar los pasos anteriores con los dedos mojados en pintura y estamparlos en una cartulina.

CREAMOS Tarea: **¿Cómo son los castillos?**

- Fíjate en el castillo y di lo que ves: torres, murallas, patio y ventanas.
- Ahora, completa el castillo pegando los adhesivos (adhesivos F8) de una bandera amarilla sobre la torre del homenaje, unos niños jugando en el patio de armas y la puerta del castillo en la muralla.

INTELIGENCIAS MÚLTIPLES
Visual-espacial, musical

APRENDE A PENSAR
Veo-Pienso-Me pregunto

LA TORRE DEL HOMENAJE

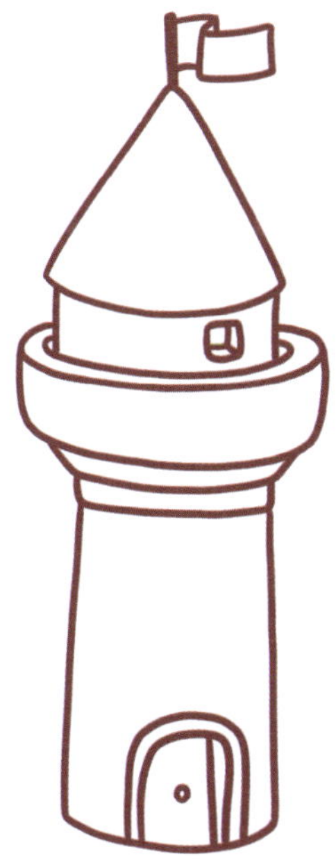

Nombre: ....

VIVE LA SESIÓN

• Construir torres con elementos del aula: bloques de construcción, regletas...

edebé proyectos

CREAMOS Tarea: **¿Cómo son los castillos?**

INTELIGENCIAS MÚLTIPLES
Visual-espacial

• Fíjate en la torre del homenaje que está coloreada.
• Pinta las torres que son iguales a la torre del homenaje coloreada.

EL PATIO DE ARMAS

Nombre: ....

VIVE LA SESIÓN

- Dramatizar los distintos trabajos de los artesanos: amasar el pan, golpear la herradura, modelar el jarrón y peinar a los caballos.

edebé proyectos

CREAMOS

Tarea: **¿Cómo son los castillos?**

- Fíjate en el patio de armas del castillo. Se ven las caballerizas y los artesanos: el panadero, el alfarero y el herrero. ¿Qué fabrica cada artesano?
- Pega el pan junto al panadero, el jarrón con el alfarero, la herradura con el herrero y el caballo en la caballeriza (adhesivos F10).

COOPERATIVO
Folio giratorio

INTELIGENCIAS MÚLTIPLES
Visual-espacial

APRENDE A PENSAR
10 veces 2

LA MURALLA

Nombre: ....

VIVE LA SESIÓN

- Confeccionar una serpiente de colores con objetos o juguetes del aula siguiendo una serie de colores.

TALLER

La maqueta de un castillo

CREAMOS

Tarea: **¿Cómo son los castillos?**

- En la muralla ondean las banderas del castillo. Pinta las banderas siguiendo la serie: verde-naranja, verde-naranja.

INTELIGENCIAS MÚLTIPLES

Lógico-matemática

¿QUIÉN VIVE EN LOS CASTILLOS?

Nombre: ....

EL CASTILLO DE CHUCHURUMBEL

Este es el cordón de las llaves de las puertas del castillo de Chuchurumbel.
Este es el ratón que se comió el cordón de las llaves de las puertas del castillo de Chuchurumbel.
Este es el gato que se comió al ratón que se comió el cordón de las llaves de las puertas del castillo de Chuchurumbel.
Este es el perro que se comió al gato que se comió al ratón que se comió el cordón de las llaves de las puertas del castillo de Chuchurumbel.
Este es el palo que le pegó al perro que se comió al gato que se comió al ratón que se comió el cordón de las llaves de las puertas del castillo de Chuchurumbel.
Y este es el fuego que quemó el palo que pegó al perro que se comió al gato que se comió al ratón que se comió el cordón de las llaves de las puertas del castillo de Chuchurumbel. [...]

Retahíla tradicional de México

VIVE LA SESIÓN

- Recitar la retahíla del castillo de Chuchurumbel.
- Dibujar la cara de los personajes que viven en el castillo: ojos, nariz y boca.

CREAMOS Tarea: **¿Quién vivía?**

- Nombra a estos personajes. ¿Quiénes son?
- Relaciona, con el dedo mojado en pintura o con ceras, cada habitante del castillo con su objeto.

INTELIGENCIAS MÚLTIPLES
Lingüístico-verbal

¿CUÁNTOS PERSONAJES HAY?

Nombre: ....

LA PLAZA TIENE UNA TORRE

La plaza tiene una torre,
la torre tiene un balcón,
el balcón tiene una dama,
la dama, una blanca flor.
[...]

Antonio Machado

VIVE LA SESIÓN

- Jugar a hacer agrupamientos de dos, tres o cuatro personas al son de una música clásica.
- Recitar y aprender el poema «La plaza tiene una torre», de Antonio Machado.

edebé proyectos

TALLER

Caballos y espadas

CREAMOS Tarea: **¿Quién vivía?**

- ¿Cuántos personajes hay asomados en cada ventana? Escribe el número debajo de las ventanas.

COOPERATIVO
Folio giratorio

INTELIGENCIAS MÚLTIPLES
Lógico-matemática

¿QUÉ ME PONGO?

Nombre: ....

VIVE LA SESIÓN

- Vestirse con varios babis, abrigos... de los compañeros para sentirse como un caballero con armadura.

edebé proyectos

CREAMOS

Tarea: **Los caballeros**

- Viste al caballero con su armadura. Separa y pega la armadura (troqueles F14) sobre el cuerpo del caballero.

INTELIGENCIAS MÚLTIPLES

Visual-espacial y corporal-cinestésica

TU ESCUDO

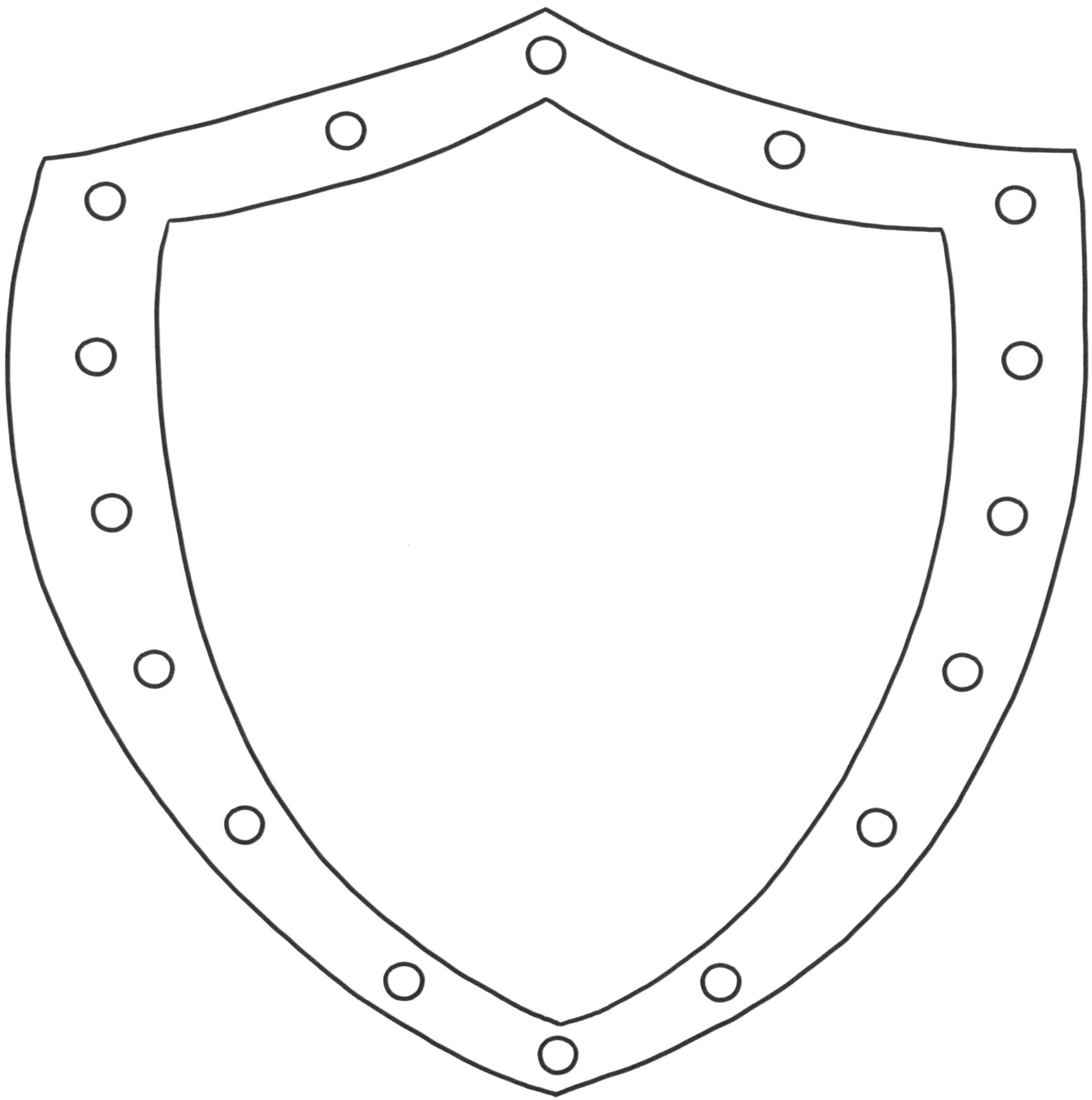

Nombre: ....

VIVE LA SESIÓN

- Inventar una danza para los caballeros y las damas con la música clásica de Prokófiev.

TALLER

Un disfraz de caballero

CREAMOS

Tarea: **Los caballeros**

- Decora libremente tu escudo de caballero con dibujos de colores.

INTELIGENCIAS MÚLTIPLES
Intrapersonal

LOS TORNEOS

Nombre: ....

VIVE LA SESIÓN

- Decorar unos bolos (botellas de plástico) con pintura y jugar con ellos.
- Jugar a poner la cola al caballo.

CREAMOS

Tarea: **¿Cómo se divertían?**

- Pega a la reina cerca del rey y al caballero lejos del rey (troqueles F16).

INTELIGENCIAS MÚLTIPLES
Visual-espacial

LOS JUEGOS TRADICIONALES

Nombre: ....

VIVE LA SESIÓN

- Jugar al juego de la silla al son de una música.
- Bailar la danza medieval saltarelo.

TALLER

Confección de juegos tradicionales

CREAMOS

Tarea: **¿Cómo se divertían?**

- ¿A qué están jugando estos niños y niñas?
- Repasa con ceras las líneas rectas siguiendo la dirección de la flecha.

INTELIGENCIAS MÚLTIPLES
Lingüístico-verbal

VIDRIERAS DE COLORES

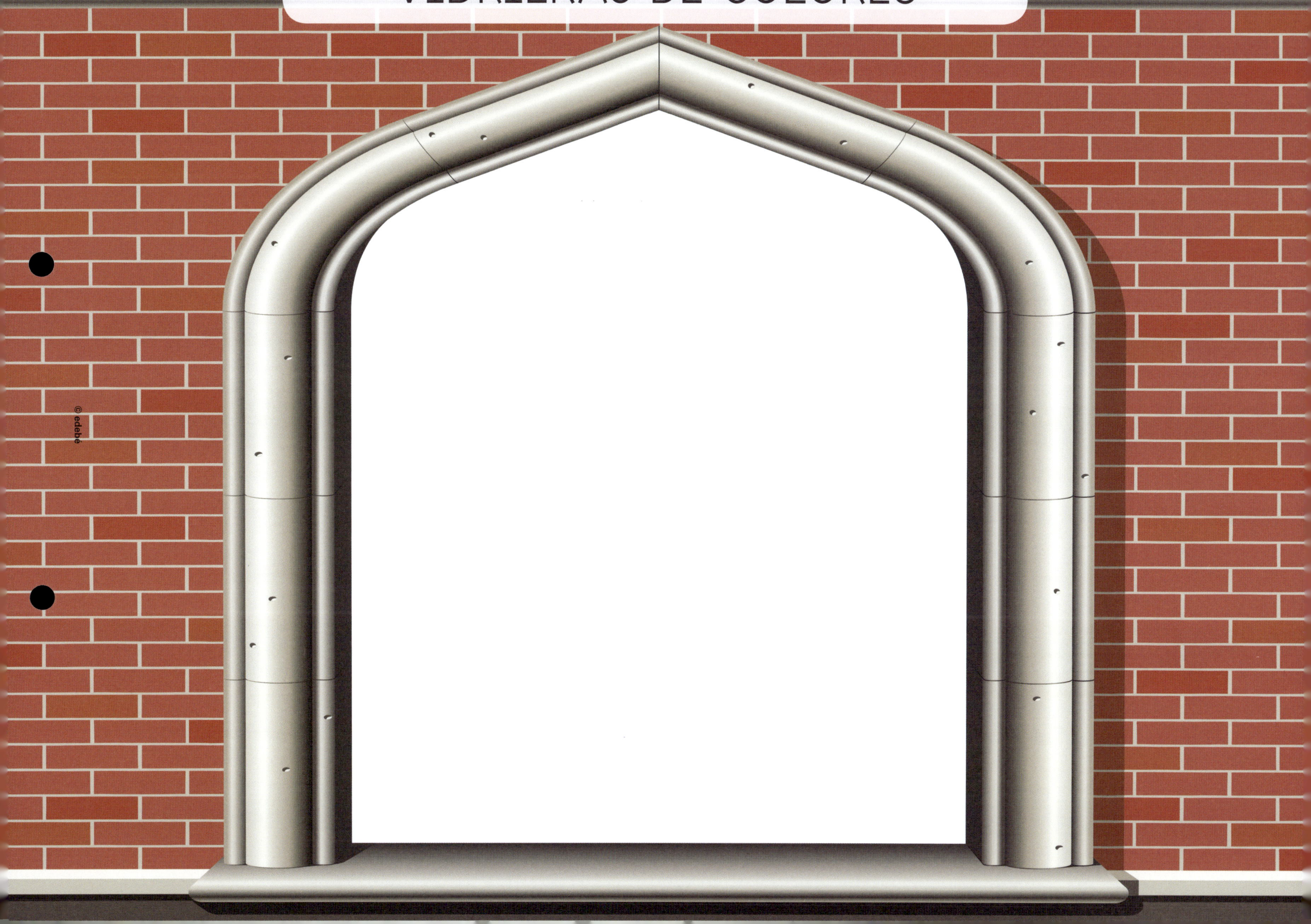

Nombre: ....

VIVE LA SESIÓN

- Confeccionar vidrieras con cola blanca, colorante, jabón, etc.
- Jugar al veo, veo con los colores de los elementos del aula.

edebé proyectos

CREAMOS Tarea: **Castillos del mundo**

- Pega papeles de seda o de celofán de colores en la ventana del castillo para decorar la vidriera.

INTELIGENCIAS MÚLTIPLES
Visual-espacial

UN CASTILLO DE VERDAD

Nombre: ....

VIVE LA SESIÓN

- Dramatizar el cuento motor *Busquemos ayuda en otros castillos.*
- Jugar a santo y seña inventando códigos con vocales.

TALLER

Una bandera

CREAMOS

Tarea: **Castillos del mundo**

- Desprende las piezas de los troqueles (troqueles F19) y juega a montarlas sobre la ficha.
- Después, pega en la ficha los troqueles para formar el castillo.

COOPERATIVO

Folio giratorio

INTELIGENCIAS MÚLTIPLES

Visual-espacial, corporal-cinestésica

LA BRUJA

Nombre: ....

VIVE LA SESIÓN

- Jugar a las sombras con una sábana blanca.
- Confeccionar frascos mágicos con pintura, purpurina, agua y aceite vegetal.

CREAMOS

Tarea: **Otros habitantes**

- Sigue, con el dedo mojado en pintura, el camino que recorre la bruja hasta llegar al *Libro de los sabios*, que está guardado en el baúl. ¡Cuidado!, porque encontrarás por el camino algunos obstáculos.

INTELIGENCIAS MÚLTIPLES
Visual-espacial

¿QUIÉN SOY?

TODO EL CUERPO
CUBIERTO DE BLANCO,
CUANDO APAREZCO
A TODOS ESPANTO.

Nombre: ....

EL FANTASMA CUCUFATE

El fantasma Cucufate
se dio ayer un sofocón:
se manchó de chocolate
la sábana de algodón.
La metió en la lavadora,
le echó mucho detergente
y la lavó media hora
con el agua muy caliente. [...]

Carmen Gil

VIVE LA SESIÓN

- Jugar a ¿Quién es el fantasma? tapando a un niño/a con una sábana.
- Aprender a recitar el poema «El fantasma Cucufate».

TALLER

Una pócima mágica

CREAMOS Tarea: **Otros habitantes**

- Escucha la adivinanza leída por la maestra.
- ¿Cuál es la solución? Dibújala en la ficha.

INTELIGENCIAS MÚLTIPLES
Lingüístico-verbal

EMOCIÓN
Miedo

¡YA SOMOS CABALLEROS Y HEMOS ENCONTRADO EL LIBRO!

Nombre: ....

PRESENTAMOS

- Dibuja o pega una fotografía de cómo os habéis armado caballeros o del *Libro de los sabios* que habéis encontrado en el colegio.
- Decora el resto de la ficha con adhesivos (adhesivos F22).

INTELIGENCIAS MÚLTIPLES

Visual-espacial

EMOCIÓN

Alegría

¿QUÉ HEMOS APRENDIDO?

¿CÓMO SON?

¿QUIÉN VIVE?

LOS CABALLEROS

CASTILLOS DEL MUNDO

OTROS HABITANTES

¿CÓMO SE DIVIERTEN?

Nombre: ....

EVALUAMOS

- Observa los dibujos de este mapa mental y explica qué significan con ayuda de la maestra.
- Explicad, por equipos, lo que habéis aprendido sobre cada uno de los temas del mundo de los castillos.

INTELIGENCIAS MÚLTIPLES
Interpersonal

¿HE APRENDIDO MUCHO?

¿HE COLABORADO CON MI EQUIPO?

¿HE DISFRUTADO CON ESTE PROYECTO?

Nombre: ....

EVALUAMOS

- Escucha las preguntas que lee tu maestra y colorea: la cara sonriente si tu respuesta es «mucho»; la cara menos sonriente si tu respuesta es «bastante»; y la cara seria si tu respuesta es «poco».
- Dibuja lo que más te ha gustado de lo que has aprendido sobre los castillos.

INTELIGENCIAS MÚLTIPLES

Intrapersonal

Por colaborar en el proyecto LOS CASTILLOS

Se entrega el presente diploma a:

Te agradecemos el esfuerzo que has realizado a lo largo de este proyecto.

Fecha:

Firma:

edebé proyectos

EL LIBRO DE LOS SABIOS

HABÍA UNA VEZ UN CASTILLO MUY PODEROSO.
SE LLAMABA EL CASTILLO INVENCIBLE.

¡EL LIBRO NO ESTÁ!

EL REY CALZAS NEGRAS Y SUS TROPAS QUIEREN ATACAR EL CASTILLO.

LOS CABALLEROS INVENCIBLES
HAN SIDO DERROTADOS POR GIGANTES.
NO PUEDEN DEFENDER EL CASTILLO.

UN MAGO LE CUENTA AL REY
QUE LA BRUJA DE TODOS LOS MIEDOS
HA ROBADO EL LIBRO DE LOS SABIOS.

EL REY ESCRIBE UNA CARTA
A UNA CLASE DE NIÑOS VALIENTES
PARA RECUPERAR EL LIBRO.

EL LIBRO DE LOS SABIOS

En la cima de una montaña muy lejana, hay un gran castillo. Es el Castillo Invencible. El castillo tiene tantas torres que te duermes al contarlas. Sus murallas son tan anchas que caben dentro todas las clases de un colegio. En las puertas hay enormes pinchos para que nadie puede pasar. Y en el agua del foso viven bichos tan raros que es mejor no meter ni un dedo del pie. Nunca nadie ha conseguido entrar en el castillo, por eso se llama el Castillo Invencible.

El rey del Castillo Invencible guarda en un baúl el Libro de los sabios. Es un libro mágico, pues tiene las respuestas a todas las preguntas que se pueden hacer. El libro siempre le dice al rey cómo derrotar a los que quieren entrar en el castillo.

Hoy, el rey de las Calzas Negras y su ejército van a atacar el castillo. Después de desayunar, el rey del Castillo Invencible envía a un sirviente a buscar el Libro de los sabios para saber cómo derrotar al rey de las Calzas Negras. Pero el sirviente vuelve sin el libro.

—¡Majestad, el libro ha desaparecido! —exclama el sirviente.

El rey mira al sirviente. El sirviente mira al bufón. El bufón mira al soldado. Y el soldado mira por la ventana y grita:

—¡El ejército del rey Calzas Negras está muy cerca y no sabemos cómo derrotarlo!

Y así es. Los soldados del rey Calzas Negras han montado sus tiendas de campaña justo enfrente del castillo. Los caballos descansan y los soldados ya están preparados con sus armaduras. Dentro de poco, atacarán las murallas.

—¡Llamad a mis Caballeros Invencibles! —ordena el rey del castillo—. Ellos lucharán contra el ejército de las Calzas Negras.

Pero los Caballeros Invencibles han ido a luchar contra los gigantes de las Montañas Perdidas. Los caballeros han perdido la batalla y están malheridos, así que no pueden ir a ayudar al rey.

—Sin libro y sin caballeros, no venceremos nunca al rey de las Calzas Negras —se lamenta el rey—. ¡Necesito mi libro!

—Señor —le dice el sirviente—, no muy lejos de aquí vive un mago que podría ayudarnos.

—¡Id a buscarlo ahora mismo! —ordena el rey.

El sirviente sale a toda velocidad con su caballo y, al poco rato, regresa con el mago, que dice:

—Majestad, la Bruja de Todos los Miedos ha robado el libro. Solo los caballeros más valientes podrán devolvértelo.

—¿Y dónde están esos caballeros valientes? —pregunta el rey—. Porque todos mis caballeros están malheridos.

Entonces, el mago le cuenta al rey que en un lejano país hay una escuela de niños valientes.

—Si les escribes una carta pidiéndoles ayuda, ellos te ayudarán a encontrar el Libro de los sabios. Elige a alguien sin miedo que se atreva a salir del castillo y a atravesar el ejército de las Calzas Negras para llevar tu carta a los niños.

Entonces, el rey pidió papel y lápiz. «Ya sé quién llevará la carta», pensó el rey, y se puso a escribirla.

SUMARIO

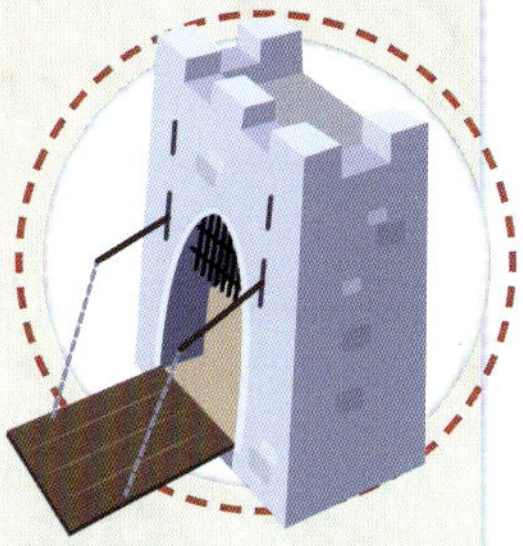

2-3 ¿CÓMO SON LOS CASTILLOS?

4-5 ¿QUIÉN VIVÍA?

6-7 LOS CABALLEROS

8-9 ¿CÓMO SE DIVERTÍAN?

10-11 CASTILLOS DEL MUNDO

12 OTROS HABITANTES

¿CÓMO SON LOS CASTILLOS?

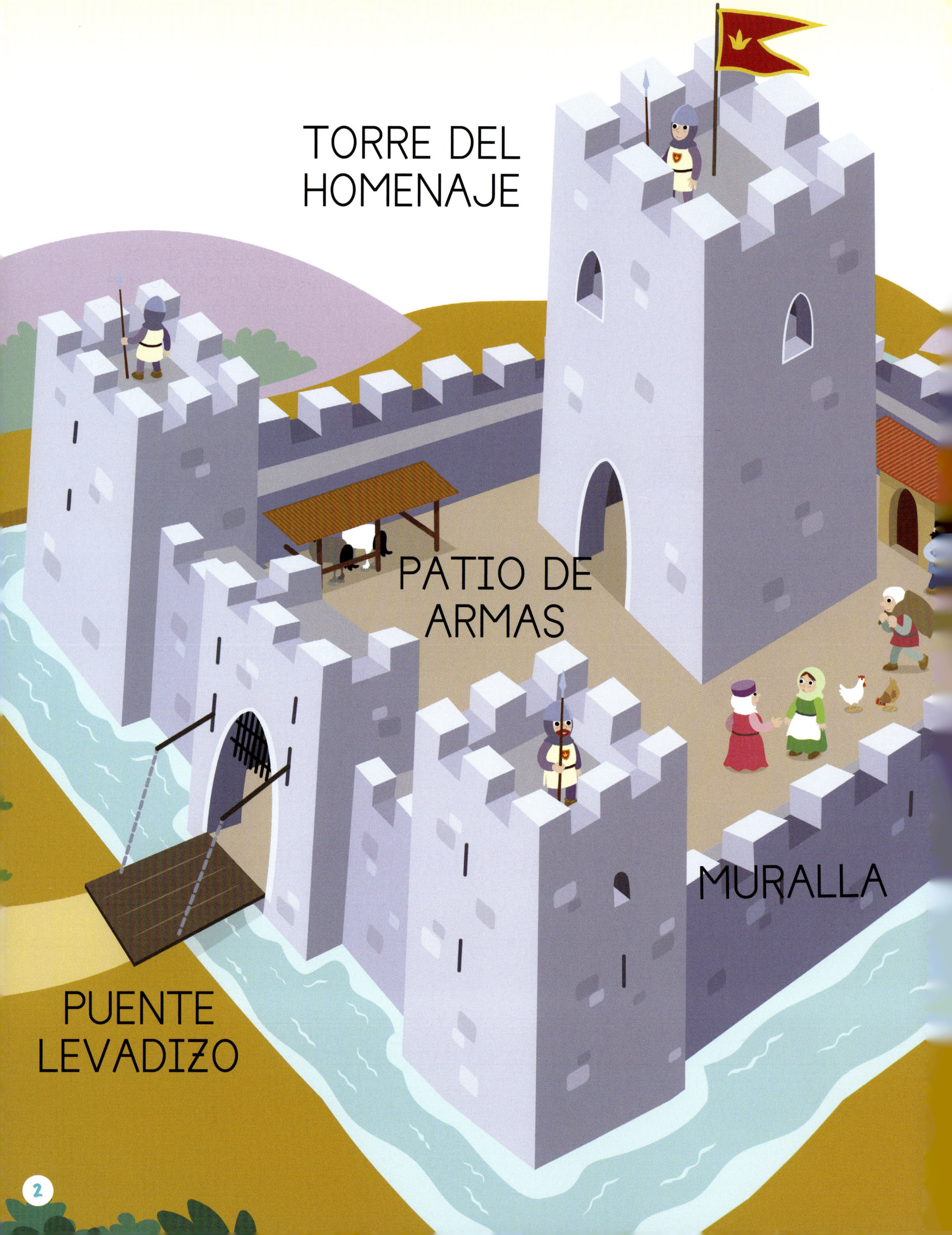

¿QUÉ SON LOS CASTILLOS?

Los castillos eran las viviendas de los reyes y los nobles durante la Edad Media, hace más de diez siglos. Eran construcciones muy grandes. Se encontraban en lo alto de las colinas, para así poder ver llegar a los enemigos.

¿POR QUÉ TENÍAN MURALLAS?

Los castillos tenían murallas altas y gruesas para proteger su interior. Además, alrededor de las murallas había un foso, que era un agujero que llenaban de agua. Así se aseguraban de que los enemigos no podrían pasar. Para entrar y salir del castillo, sus habitantes bajaban una enorme puerta, que cruzaba el foso, denominada puente levadizo. En la torre más alta vivían el señor del castillo y su familia. Se llamaba la torre del homenaje.

¿QUÉ ES EL PATIO DE ARMAS?

En el centro del castillo había un gran patio: era el patio de armas. En este lugar los caballeros se entrenaban. A su alrededor había diferentes estancias y salas dormitorio para caballeros, soldados, sirvientes, etc.

Castillo de Torrelobatón, Valladolid

¿QUIÉN VIVÍA?

¿DE QUIÉN ERA EL CASTILLO?
Los castillos eran del rey o de los nobles. Ellos eran los más poderosos y mandaban sobre los demás habitantes.

¿QUIÉN ERA EL BUFÓN?
Era la persona que se dedicaba a entretener a los habitantes del castillo y hacerles reír. Solía gastar bromas, hacer juegos malabares, acrobacias...

¿QUIÉN DEFENDÍA EL CASTILLO?

Los caballeros se encargaban de defender el castillo de los enemigos. Montaban a caballo y manejaban pesadas espadas y lanzas. Tenían su propia tropa, que iba a pie.

¿QUIÉN TRABAJABA ALLÍ?

La mayoría de sus habitantes trabajaba para el señor del castillo, que podía ser el rey o un noble. Eran los servidores o criados, los artesanos y los campesinos.
Los servidores cuidaban y servían al señor del castillo.
Los artesanos podían ser herreros, panaderos, alfareros... Vivían en las cabañas o casas de madera que había en el patio de armas, dentro del castillo, o en el territorio que lo rodeaba.
Los campesinos cultivaban las tierras del rey o el noble. Eran las personas más pobres y su vida resultaba muy dura porque trabajaban mucho y ganaban poco.

LOS CABALLEROS

¿QUIÉNES ERAN LOS CABALLEROS?

Los caballeros se llaman así porque montaban a caballo. No era fácil llegar a ser caballero, ya que primero debían aprender a luchar para luego poder defender el castillo.

¿CÓMO VESTÍAN?

Para protegerse en las batallas, llevaban un traje de metal, llamado armadura. Debajo de esta, se ponían una prenda más fina también metálica, denominada cota de malla. Se protegían la cabeza con un casco, el yelmo. El escudo, además de proteger al caballero del arma del enemigo, llevaba un símbolo para identificarlo en las batallas.

¡CUÁNTAS ARMAS!

Tenían muchas armas diferentes: espadas, lanzas, hachas...
Necesitaban a alguien que los ayudara a trasladarlas y limpiarlas, a ponerse la armadura y a cuidar de su caballo. Estos ayudantes se llamaban escuderos.

¿SABES QUE LAS ARMADURAS PESAN MÁS QUE UN NIÑO DE TU EDAD?

¿CÓMO SE DIVERTÍAN?

¿QUÉ ERA UN TORNEO?

Los torneos eran competiciones en las que dos caballeros combatían montados a caballo. Se celebraban fuera del castillo para festejar bodas y otras fiestas. A la gente le gustaban mucho y se entretenían viendo el combate.

¿A QUÉ JUGABAN LOS NIÑOS?

A los niños y niñas les gustaba jugar con muñecas de trapo, a la gallinita ciega, a luchar como los caballeros con espadas de madera, a hacer piñatas o pompas de jabón.

¿QUÉ ERA UN TROVADOR?

Era un músico que componía canciones y poemas. Tocaba diferentes instrumentos, sobre todo el laúd, que era un instrumento de cuerda parecido a la guitarra.

TROVADOR

¡EN LOS TORNEOS LOS CABALLOS IBAN MUY ELEGANTES!

CASTILLOS DEL MUNDO

Castillo de Peñafiel, Valladolid

Castillo de Burgalimar, Jaén

CASTILLOS DE VERDAD

Seguramente, conoces muchos castillos de reyes, príncipes y princesas que aparecen en los cuentos. En el mundo real también hay muchos castillos. Quizá, muy cerca de donde vives, hay algún castillo que puedes visitar. ¡Verás qué grandes son!

Castillo de Stirling, Escocia

Castillo de Trakai, Lituania

¿HAS VISITADO ALGUNA VEZ UN CASTILLO?

OTROS HABITANTES

BRUJAS Y FANTASMAS

Dicen las leyendas que todos los castillos tenían unos habitantes muy misteriosos. Algunos castillos tenían su propio fantasma, que, de vez en cuando, salía y asustaba a alguien. A veces, por la ventana del castillo, se colaba una bruja volando sobre su escoba.

¿CUÁNTOS CUENTOS CON BRUJAS CONOCES?